einer Unachtsamkeit seines Gegners gelang es dem Jungen, seinen einzigen Griff anzuwenden – und mit diesem gewann er zum Erstaunen aller.

Auf dem Heimweg sprachen der Meister und der Junge über den Kampf. Der Junge fragte: „Wie war es möglich, dass ich mit nur einem einzigen Griff das Turnier gewinnen konnte?"
„Das hat zwei Gründe: Der Griff, den du beherrschst, ist einer der schwierigsten und besten Griffe im Judo. Darüber hinaus kann man sich gegen ihn nur verteidigen, indem man den linken Arm des Gegners zu fassen bekommt."

Und da wurde dem Jungen klar, dass seine größte Schwäche auch seine größte Stärke war.

gestärkt

Fotolia/6okean

Allem bin ich gewachsen durch den, der mich stark macht.

Philipper 4,13

Gott ist stark

Miriam Roll

Allem bin gewachsen? Ich schaffe und kann alles? Das klingt doch sehr arrogant und selbstbezogen. Überschätzen wir da nicht unsere Möglichkeiten? Ja, genau das tun wir. Aber unser Vers hat ja noch einen zweiten Teil, der uns darauf die Antwort gibt. Ich kann alles schaffen, egal wie schwach ich bin, denn Gott ist es, der mich stark macht und mir die Kraft dazu verleiht.

Ist das nicht ein wunderbares Versprechen? Wir dürfen mit leeren Händen kommen, mit all unseren Schwächen und er schenkt uns seine Kraft und Stärke. Wir sind nicht abhänging von uns selbst, unserem eigenen Können, unserer Leistung oder gesundheitlichen Kraft. Gottes Kraft ist endlos und wir dürfen sie immer wieder neu empfangen.

Haben wir diese Erwartung überhaupt an Gott oder erwarten wir eher, dass er uns in Ruhe lässt? Sind wir enttäuscht von ihm, weil wir nicht alles in unserem Leben verstehen und uns alles andere als stark und allem gewachsen fühlen? Doch gerade dann, wenn wir schwach sind, ist Gott stark in uns. Das ist ein Geschenk der Freiheit. Es macht uns frei von uns selbst und den Umständen in unserem Leben. Wir müssen uns nicht länger auf unsere eigene Kraft verlassen, sondern dürfen auf Gottes Kraft in uns vertrauen.

Fotolia/Alexandr Vasilyev

Nein, weil ich ein Junge bin

Willi Stiel

Wir waren im Frühling mit unseren Enkeln im Garten. Die beiden Mädchen pflückten Gänseblümchen und flochten daraus Haarkränze. „Willst du auch so was?“, fragten sie ihren kleinen Bruder. „Nein“, antwortete er, „weil ich ein Junge bin!“ Wir waren erstaunt. Woher hatte er diese Einstellung? Wurde er doch von seinen Eltern ganz anders erzogen. Sind wir das, was wir sind aufgrund genetischer Festlegungen oder durch Erziehung?

Ich wurde stark geprägt durch die männlichen und weiblichen Verhaltensweisen in meiner Familie und dem Leben im Dorf. Meine Eltern hatten eine klare Aufgabenteilung. Auch im Dorf war ganz genau geregelt, was männlich war: Männer bestimmten wo es lang ging. Die Männer dominierten das gemeinsame Leben. Schwere Arbeiten wurden von Männern verrichtet. Der Auto- und Maschinenkauf wurde von Männern entschieden. Traf in einer Familie die Frau solche Entscheidungen, wurde der Mann als „Weichling“ bezeichnet. Der Bürgermeister war immer ein Mann. Auch die Lehrer. Als einmal Studentinnen an unsere Grundschule zum Praktikum kamen, haben wir Jungs diese jungen Frauen im Unterricht überhaupt nicht ernst genommen.

Was typisch männlich ist, ist in der heutigen Zeit, in der grundsätzlich Allen alles offen steht, nicht so einfach zu sagen. Es kommt zuallererst auf den Charakter eines Menschen an. Dass ein liebevolles einfühlsames Wesen allein den Frauen vorbehalten ist, hat noch nie gestimmt. Und, dass Männer brutal und herrschsüchtig sind, auch nicht.

Letztlich kommt es darauf an, wie wir Männer uns als Geschöpfe sehen und welche Verhaltensarten wir besonders leben wollen: Barmherzigkeit, Freundlichkeit, Hilfsbereitschaft, Zufriedenheit, Dankbarkeit, Glaube und Vertrauen. Und diese sind weder typisch männlich, noch typisch weiblich.

Herr, du durchschaust mich,
du kennst mich bis auf den Grund.
Ob ich sitze oder stehe, du weißt es.
Ob ich tätig bin oder ausruhe,
du siehst mich; jeder Schritt,
den ich mache, ist dir bekannt.
Noch ehe ein Wort
auf meine Zunge kommt,
hast du, Herr, es schon gehört.
Von allen Seiten umgibst du mich,
ich bin ganz in deiner Hand.
Dass du mich so
durch und durch kennst,
das übersteigt meinen Verstand;
es ist mir zu hoch,
ich kann es nicht fassen.
Dafür danke ich dir,
es erfüllt mich mit Ehrfurcht.
An mir selber erkenne ich:
Alle deine Taten sind Wunder!

aus Psalm 139

Mein Schöpfer kennt mich durch und durch.

Fotolia/Everst

Denn was hilft es dem Menschen,
die ganze Welt zu gewinnen
und Schaden zu nehmen
an seiner Seele.

Markus 8,36

Lohnt sich das alles?

Markus Roll

Es gibt Männer, die scheinen in sich selbst zu ruhen. Sie strahlen tiefe Gelassenheit aus. Was haben sie, was andere nicht haben? Und wie haben sie es gefunden? Viele Männer definieren sich über Macht, Geld und Erfolg. Männer suchen Aufgaben und Möglichkeiten zur Selbstdarstellung. Schon immer und von klein auf. Einige Männer nutzen die Möglichkeiten und klettern in unserer Gesellschaft weit nach oben. Sie bekommen Anerkennung, genießen Macht, Reichtum und Erfolg. Und doch gibt es immer wieder ehrliche Interviews und Biographien, in denen eben diese Männer offenbaren, dass es sie nicht glücklich gemacht, sondern dieses Rennen sie sogar in Zusammenbrüche und Burnouts geführt hat. Schon vor 2000 Jahren stellte Jesus die Frage: Lohnt sich das alles, wenn du dabei doch Schaden an deinem inneren Menschen nimmst? Lohnt sich das alles, wenn deine Seele darunter leidet? Tiefen inneren Frieden, nach dem sich unser Herz sehnt, können wir nicht aus uns selbst schaffen, sondern nur durch die Begegnung mit einem Gegenüber, das größer ist als wir selbst. Gott möchte uns diesen Frieden schenken. Gott kennt uns und versteht uns durch und durch. Er will uns begegnen und uns dabei von uns selbst befreien, von unseren eigenen Zwängen und dem inneren Druck, immer und überall etwas leisten zu müssen. Seine Liebe und Vergebung, seine Geschenke der Freude und Hoffnung sind nicht an Leistungen oder Bedingungen geknüpft.

Man kann nicht immer
ein Held sein,
aber man kann
immer ein Mann sein.

Johann Wolfgang von Goethe

Die Suche nach Sinn

Markus Roll

Kennen Sie den Drang, den Helden spielen zu müssen? Kennen Sie das Rennen, sich selbst immer wieder ins Spiel zu bringen, um sich gut und wichtig zu fühlen? Für manche Männer nimmt das Ganze solche Ausmaße an, dass es wie ein Krieg erscheint. Sie haben Angst davor, was passiert, wenn sie die Kontrolle über sich und ihr Leben verlieren. Deshalb setzen sie sich Ziele, arbeiten viel und erfolgreich, lenken sich ab, um möglichst immer beschäftigt zu sein. Sie fürchten sich vor der Ruhe und dem, was sie in ihnen wachrütteln könnte.

Geld, Erfolg und Macht zerstören uns, aber die männliche Seele nimmt sich genau diese Dinge, um die Sehnsucht nach Sinn zu füllen. Immer mehr Männer erkennen aber dieses Dilemma. Wie kann es weitergehen, wenn das Rennen um Geld, Erfolg und Macht uns einfach nicht mehr erfüllt? Was kann dieses Loch füllen und unsere Sehnsucht stillen? Die Seele braucht zum Leben einen Sinn. Ohne eine Basis, ohne eine größere Vision entwickeln wir uns in eine ungesunde Richtung. Gott selbst, seine väterliche Liebe und zusprechende Gnade wollen diese Basis sein. Beginnen wir, unser Herz zu öffnen, wird Gott uns begegnen. Schritt für Schritt erkennen wir, wer wir in Gott sind. Wenn wir loslassen und uns auf Gottes Liebe einlassen, finden wir Schritt für Schritt unseren Platz in diesem Universum. Gott, der Vater selbst, schließt einen Bund mit uns. Wir sind seine Söhne und er ist jeden Tag bei uns.

Gottes Liebe

Dieter Oesch

Gottes Liebe schenkt uns Leben,
nur durch Leben blüht sie auf.
Diese Liebe kann vergeben.
Seine Liebe hört nie auf.

Überall sind Liebesspuren,
überall weht Gottes Wind.
In den Bergen, in den Fluren,
überall wo Menschen sind.

Wie ein Fluss so ist das Leben
und es fließt in Zeit und Raum.
Vieles hat sich so ergeben,
vieles sieht man wirklich kaum.

Jeder Grund wird auch zum Ziel.
Gott hat Höhe und auch Weite.
Seine Liebe ist kein Spiel.
Er ist der Halt an unserer Seite.

Gott ist da und immer da.
Gottes Geist kennt keine Wände.
Seine Liebe ist uns nah.
Seine Hand hält unsere Hände.

Pixelio/Timo Klostermeier

Das ist mein geliebter Sohn,
an dem ich Gefallen gefunden habe.

Matthäus 3,17